J.M. Kempa

Corona und andere Kurzgeschichten
Ist ein Leben ohne Toilettenpapier möglich?

J.M. Kempa

Corona und andere Kurzgeschichten

Ist ein Leben ohne Toilettenpapier möglich?

Rediroma-Verlag

Bibliografische Information der Deutschen Nationalbibliothek:
Die Deutsche Nationalbibliothek verzeichnet diese Publikation in der Deutschen Nationalbibliografie; detaillierte bibliografische Daten sind im Internet über http://portal.dnb.de abrufbar.

ISBN 978-3-96103-962-3

Umschlagillustration: Gryva (shutterstock.com)

www.rediroma-verlag.de
7,95 Euro (D)

Inhalt

Vorwort

Seit Anfang 2020 sind die Begriffe

Corona
COVID-19
SARS-CoV-2

in der Gesellschaft angekommen.

Jeden Tag wird über dieses Virus in allen Medien berichtet. Auch in der Familie, in den Firmen und Vereinen gibt es kein anderes Thema als dieses Phänomen und die Krankheit. Die Furcht vieler Menschen vor dieser Atemwegserkrankung ist allgegenwärtig und berechtigt. Ausnahmen bestätigen die Regel!

Was bedeutet Corona? Der Coronavirus ist erstmals in den 1960er Jahren entdeckt und identifiziert worden. Der Name bezieht sich auf die Form und das Aussehen der Coronaviren unter einem Mikroskop. Der Begriff bedeutet im lateinischen Corona Kranz oder Krone.

Ein großer Teil der Erkältungskrankheiten des Menschen wird durch Coronaviren ausgelöst. Ganz neu sind diese Viren also nicht. Nur das neuartige und mutierte Coronavirus ist erstmals im Dezember 2019 entdeckt und identifiziert worden. Seit Februar 2020 trägt dieses Virus den Namen SARS-CoV-2. Der gebräuchliche Name im Volksmund lautet **Corona**, das ist einfacher.

Was bedeutet SARS-CoV-2? SARS (**S**evere **A**cute **R**espiratory **S**yndrome), steht als Akronym für ein schweres akutes Atemwegsyndrom. Die Erkältung, welche durch dieses SARS-CoV-2 ausgelöst wird, bezeichnet man als COVID-19 (**Co**rona **Vi**rus **D**isease 2019). Alles zusammengefasst dann SARS-CoV-2. Die zweite Form. Dieses Virus entstammt derselben Virusfamilie wie das neue Coronavirus und ähnelt diesem sehr. Aufgrund der Verwandtschaft wird dieses Virus SARS-CoV-2 genannt. Es gibt einen großen, entscheidenden Unterschied zwischen dem SARS- und dem Coronavirus. Bei einer SARS-Infektion treten die ersten Symptome vor einer Übertragungsmöglichkeit auf andere Menschen auf. Die Infektionskette kann dadurch unterbrochen werden. Beim neuartigen Coronavirus kann das Virus noch vor den ERSTEN Symptomen übertragen werden. Hier ist es wesentlich schwerer, die Infektionskette zu unterbrechen. Kapiert? Ist doch ganz einfach.

Wann spricht man von einer Epidemie? Diese Krankheit ist örtlich und zeitlich begrenzt. Das war‘s.

Bei einer Pandemie ist die ganze Welt betroffen. Also nicht zeitlich und örtlich begrenzt. Sie ist länder- und kontinental übergreifend. Die weltweite Ausbreitung von COVID-19 wurde im März zu einer Pandemie erklärt. Diese Pandemie resultiert aus der starken weltweiten Reisetätigkeit. So wird dieses Virus über die Grenzen und Kontinente in alle Länder getragen. Viele Epidemien und Seuchen sind aus der Vergangenheit bekannt. Die Pest, die Spanische Grippe, die Cholera und nun auch Corona. Die Pest hat im 14. Jahrhundert in ganz Europa gewütet und mehr als 20 Millionen Menschen qualvoll dahingerafft. Der „schwarze Tod“ war eine Pandemie, wie auch heute bei Corona, die Ursache der Infektionskrankheit wurde nie ganz geklärt. Ein Mittel zur Heilung gibt es nicht. Penicillin kann helfen, muss es aber nicht und ist nicht hinreichend erforscht. Schon im Mittelalter haben die Bewohner bereits gegen die Verbreitung dieser Geißel der Menschheit angekämpft. Sie trugen Masken mit Tüchern vor Mund und Nase, die Ärzte schützten sich mit langen Lederkleidern, Handschuhen und Gesichtsmasken mit Schnabel. Auch die Abschottung und den Lockdown gab es zu dieser Zeit in Italien schon. Personen und Waren wurden vor der Einreise in eine bestimmte Region kontrolliert. Pestverdächtige Ankömmlinge von Schiffen mussten in Quarantäne. Na, kommt uns das nicht allen bekannt vor? Nur, dass die Menschen im Mittelalter nicht so dämlich waren, um den Ernst der Lage richtig einzuschätzen, und sich richtig verhielten. Die Idioten, die heutzutage auf den Straßen gegen diese Maßnahmen demonstrieren und sich weigern, sich und andere zu schützen, das gab es damals nicht und ich bin mir sehr sicher, dass der Staat richtig hart durchgegriffen hätte … zum Schutz der Bürger. Unser Staat ist aber zu schwach, diskutiert ewig und zu hilflos, um die richtigen Aktionen und Maßnahmen zu ergreifen. Hoch lebe das föderalistische System, mit ihren Länderfürsten und Eigenheiten der Bürger. Vergesst die Ignoranten und lasst sie doch krank werden! Medizinische Hilfe brauchen sie nicht, denn Corona ist ein Fremdwort für diese Spinner.

1. Toilettenpapierhamster

Mit Beginn der Coronakrise Anfang 2020 wächst die Angst in der Bevölkerung, dass alle lebenswichtigen Mittel knapp werden könnten. Die Begriffe „Shutdown“ und „Lockdown“ sind die Gespenster dieser Zeit. Gemeint ist im Allgemeinen das Herunterfahren des gesellschaftlichen Lebens, nicht die Einschränkung der Lebensmittel und des Toilettenpapiers. Das aus dem englischen übernommene Wort „Shutdown“ bedeutet nichts anderes als „abschalten“ oder „herunterfahren“. Dieser Begriff stammt ursprünglich aus der IT-Fachsprache und wird beim Zusammenbruch der digitalen Prozesse des Computers verwendet. In übertragenem Sinne, die Stilllegung des gesellschaftlichen Lebens.

Der „Lockdown“ wiederum ist das Inkrafttreten bestimmter Sicherheitsmaßnahmen im Falle einer Bedrohung. Mit Hilfe dieser Sicherheitsmaßnahmen werden bestimmte Bereiche und Zonen abgeriegelt, sodass sich die Bevölkerung des Landes dort nicht mehr frei bewegen kann. Solch eine Einschränkung der Bewegungsfreiheit gibt es beim „Shutdown“ natürlich nicht. Mittlerweile ist es üblich, dass es eine Vielzahl dieser Anglizismen im deutschen Sprachgebrauch gibt. Selbst Menschen, egal, welchen Alters, Geschlechtes und Bildungsgrades bauen diese englischen Begriffe teils unbewusst in ihren Sprachgebrauch ein! Anscheinend gibt das ein gewisses Gefühl von Allwissenheit, auch wenn diese Menschen keiner Fremdsprache mächtig sind.

Wir leben in einer relativen Friedenszeit mit allen Annehmlichkeiten für ein zivilisiertes Leben und eine sichere Zukunft. Nur die im Jahre aufgekommene COVID-19-Pandemie versetzt viele deutsche Zeitgenossen in eine ungeahnte Panik und veranlasst zu seltsamen und irrwitzigen Handlungen. Wie in Kriegszeiten wird gehortet und die krankhaften Hamsterkäufe werden exzessiv durchgeführt. Es ist ja nichts dagegen einzuwenden, wenn sich die Menschen bei ihren wöchentlichen Einkäufen mit einem normalen Vorrat an Lebensmitteln, täglichen Gebrauchsutensilien und Körperpflegemitteln in Maßen eindecken. Wie jeder Bürger stöbere auch ich nach den Sonderangeboten. Das habe ich schon immer gemacht, nicht nur in Coranazeiten. Dabei kauft man vielleicht zwei Packungen eines Produktes, weil es im Angebot ist. Es macht auch keinen Sinn, das Zeug, egal, was für ein Lebensmittel das ist, mit der Schneeschaufel in den Einkaufwagen zu schippen. Es ist genug für alle da, und einen Notstand wie in Kriegszeiten, wird es nicht mehr geben. Warum wohl muss jeden Tag eine Unmenge an guten Lebensmitteln in die Tonne gekippt werden? Nicht nur weil diese das berühmt berüchtigte Mindesthaltbarkeitsdatum überschritten haben, sondern weil die Lager und die Regale voll sind! Unsere Produzenten arbeiten im Schichtbetrieb, um unsere Versorgung sicherzustellen. Die Maschinen und Förderbänder glühen unter der Produktionslast. Man muss nur auf den Straßen und Autobahnen die LKW-Kolonnen betrachten. Fast jeder dieser Transporter bringt uns tagtäglich frische Ware. Durch unsere Mitgliedschaft in der EU erhalten wir in Deutschland noch weitere Waren aus dem Ausland. Auch der internationale Flug- und Schiffsverkehr stellt sicher, dass wir allzeit sehr gut versorgt sind, selbst mit Toilettenpapier. Seit Beginn der Pandemie fangen die Deutschen wieder an zu hamstern. Vor der Pandemie lag der Fokus auf Geld und den schönen Dingen des Lebens. Es wurde gespart, die Aktien gebunkert, Wertgegenstände gekauft und teure Autos. Nun aber ist der Reichtum in eine ganz andere Richtung übergegangen. Wohlhabend ist derjenige, der die meisten Klopapierrollen sein Eigen nennen darf! Wie ist sonst zu erklären, dass völlig unscheinbare und normale Bürger, aus einer Panikattacke heraus, ihr Heim und die Keller mit Toilettenpapier vollstopfen? Was will man damit anfangen, als sich nur den Hintern zu wischen? In unseren europäischen Nachbarstaaten wurde natürlich auch die entsprechende Vorsorge für einen möglichen Lockdown getroffen. Die Menschen in diesen Ländern sorgen für sich und ihre Familien dafür, die notwendigen Lebensmittel und Getränke zu haben, um für eine gewisse Zeit den Lockdown zu überstehen. Ist völlig ok. Und was zum Geier machen die Deutschen? Sie decken sich mit Toilettenpapier ein! Was wollen die damit? Etwa aufessen oder sich ein Mahl zubereiten? Ohne Lebensmittel und ausreichendes Essen kann man sich den Gang zur Toilette ersparen. Na gut, Toilettenpapier wird aus Zellstoff hergestellt und wenn dieses in Wasser eingeweicht wird, erhält man einen Brei. Etwas Salz und Pfeffer dazu und fertig ist das Gericht. Anscheinend planen diese Panikkäufer in diese Richtung. Ich bin mir sicher, dass es nicht lange dauert, bis in einem Sender in unserem Trash TV demnächst eine Kochshow für Klopapier auftauchen wird. Dort werden drittklassige Promis um die Wette kochen, um sich ihren Lebensunterhalt zu verdienen. Ein bestimmtes Klientel von Zuschauern ist ihnen gewiss.

Mich verwundert nur, dass die zahlreichen Umweltschützer und ihre militanten Chaoten, die sich an Bäume ketten, noch nicht gegen die Abholzung protestiert haben. Toilettenpapier wird nämlich aus Zellstoff hergestellt. Und dieser wiederum aus

Holz. Also? Es wird nicht mehr allzu lange dauern, bis irgendein Umweltschützer oder Politiker sich dieses Themas annimmt. Dann herrscht wirklicher Notstand! Die Lösung dazu kann dann sein, das Toilettenpapier selbst herzustellen!

Illustration Shutterstock by Lisova Anna, Bild 1

Auch die steigende Zahl der Hamsterkäufe kann eine Selbstherstellung zwingend notwendig machen. Werdet kreativ! In der Zeit des Homeoffice wäre dies ein Ausgleich mit gelungener Stressbewältigung. Voller Stolz kann im Freundeskreis das selbst hergestellte Toilettenpapier präsentiert werden. Auch für ein unverwechselbares Geschenk kann ein solches Teil große Bewunderung hervorrufen. Das so wichtige eigene Ego ist gestärkt. Die Herstellung ist einfacher als gedacht.

Die Herstellung: Einen großen Eimer mit geschreddertem oder sehr klein geschnittenem Altpapier befüllen. Wer einen Aktenvernichter besitzt, ist fein raus! Es geht schneller und das Papier sieht wesentlich schöner aus. Dann den Eimer mit Wasser befüllen und den Papiermatsch für ca. zwei Tage einweichen. Natürlich sollte kein Zeitungspapier oder bunt bedrucktes Papier verwendet werden, sonst hat man nach der Benutzung des Toilettenpapiers einen Hintern wie ein Pavian. Das wäre bei einigen Mitbürgern nicht so tragisch, da und bei dem heutigen Körperkult und bunten Tattoos erwünscht. Wie ist denn sonst das Herdenverhalten zu erklären? Auf die Frage, warum diese Hamsterkäufe bei Klopapier getätigt werden, lautet immer die Antwort: „Weil es alle machen!“

Weiter zur eigenen Herstellung. Nun muss die Papierpampe aus dem Eimer entnommen werden und durch ein großes Küchensieb (die Ehefrau oder gar der Ehemann wird sich über die Kreativität des Partners sehr freuen), ein selbst gebautes engmaschiges Netz, gedrückt werden. Sobald die Papiermasse etwas getrocknet ist, kommt ein weiteres Küchenutensil zur Anwendung. Wir zerkleinern die Masse mit Muttis neuem Stabmixer. Dieser Brei muss ganz fein püriert werden, damit später ein geschmeidiges Papier entsteht. Nun das selbst gebaute eckige Gitter auslegen und den Brei möglichst gleichmäßig verteilen. Es ist darauf zu achten, dass es wirklich gleichmäßig ist, denn jede

Unebenheit wird bei der Nutzung schmerzhafte Folgen haben. Das Gitter sehr vorsichtig anheben und den Papierbrei abschöpfen. Das war die heikelste Station bei der Eigenherstellung. Ist alles gelungen, landet die Papierpampe auf einem leicht angefeuchtetem Tuch. Die Masse wird vorsichtig mit dem Bügeleisen, langsam bei niedriger Temperatur getrocknet! Es kann auch ein leicht angefeuchtetes Tuch zwischen das Bügeleisen und der Matsche gelegt werden. Mit Geduld führt das zum Erfolg. Sobald die Papiermasse trocken und stabil ist, kann diese angehoben und auf das richtige individuelle Maß zurechtgeschnitten werden. Fast wie ein Maßanzug. Farbe ganz nach Geschmack und Gender kann mit Ostereierfarbe oder anderer Lebensmittelfarbe, geschmackvoll angereichert werden. Da haben wir es wieder. Kochen in deutschen Haushalten mit Klopapier. Die neue deutsche Küche. Wer das Papier etwas stabiler bevorzugt, kann dem Eimer mit der Masse etwas Tapetenkleister hinzu fügen. Aber wirklich nur ganz wenig Mehl, auch dieses Lebensmittel wird gehortet wie von irren Bekloppten! Kein normaler und klar im Kopf denkender Mensch braucht im Haushalt die Tonnen an Mehl und die kilometerlangen Rollen an Toilettenpapier. Vermutlich werden diese Spinner sich ihr Toilettenpapier auch noch selbst „brauen“ und kochen. Sich ihr

Süppchen mit Mehlklößchen und einer Toilettenpapiereinlage verfeinern. Also, Leute, ihr werdet feststellen, es ist ein Leben ohne Klopapier möglich. Eine Version ist folgende. Es gibt Spekulanten auf eine mögliche Klopapierkrise. Sie horten Unmengen dieser Rollen, um diese dann, wie Gold und Aktien, an Toilettenpapierbörsen gewinnbringend zu verkaufen. Alles ist in diesen Zeiten des aufkommenden Wahnsinns möglich.

Was ist denn, wenn unser Waldsterben so weitergeht und es keine Bäume mehr gibt? Bedeutet das den Massensuizid, oder eine Hysterie auf den Straßen mit anarchischen Zuständen? Deutsche Verbraucher ohne Toilettenpapier, der Staat wäre gefordert. Ich bin fest davon überzeugt, dass uns Hilfe von unseren europäischen Freunden angeboten wird. So weit wird es jedoch nicht kommen, da wir schnell wachsende Bäume pflanzen und der Regenwald ist auch für uns noch da! Also, das Toilettenpapier für die Deutschen ist gesichert.

Deutschland und die USA verbrauchen die größten Mengen an Toilettenpapier. Der Verbrauch hierzulande liegt im Durchschnitt bei 12,5 Kilogramm pro Kopf und Jahr. Es entspricht in etwa 135 Rollen. Eigentlich nicht viel, oder? Wenn man nun das Toilettenpapier beidseitig benutzen würde, könnte man im Sinne des Umweltgedankens noch sehr viel Ressourcen einsparen. Ich bin mal gespannt, wann sich die ersten Politiker und Ökofreaks mit diesem heiklen und gesellschaftspolitischem Thema ausgiebig beschäftigen werden.

Unsere europäischen Nachbarn sind auch dabei, sich mit den lebensnotwendigen Dingen einzudecken. Aber Toilettenpapier gehört nicht dazu. In Frankreich und Italien sind Wein, Kondome und Teigwaren der Renner. So unterschiedlich sind die Kulturen. Ein Vorrat an Wein zu einer leckeren Pasta und dem anschließenden gemütlichen Abend mit einem sicheren Vorrat an Kondomen kann und wird sehr gemütlich sein. Und in Deutschland? Unser Volk verbringt dann die Freizeit gemütlich auf der Toilette, mit ihren Tonnen an Toilettenpapier. Wir sind schon immer etwas anders gewesen. Nicht umsonst werden wir im Ausland belächelt. Besonders die Panikkäufe von Toilettenpapier lösen ein Kopfschütteln aus. Das folgende Bildchen ist eine typisch deutsche Wohnkultur, wie in den frühen 50er und 60er, die Nierentische mit den selbst gestickten Sofakissen. Ich habe bereits die ersten Autos mit den Klopapierrollen auf der hinteren Ablage gesichtet! Dieses Mal sind sie nicht in gehäkelten Schutzhauben verpackt. Man zeigt doch gerne, was man hat! Irgendwann kommt der obligatorische Fuchsschwanz an der Antenne wieder. Dann werden riesige Antennen an die aufgemotzte Prollkarre gedübelt!

Als ein Volk der Reiseweltmeister haben wir uns bestimmt einmal darüber gewundert, dass es Länder gibt, in denen KEIN Toilettenpapier zur Verfügung steht. Nicht weil diese Länder unter einem Notstand dieser uns so wichtigen Verbrauchsartikel leiden, sondern weil es dort nicht üblich ist, den Hintern mit Papier zu wischen. Was nun, wenn gleich nach der Ankunft am Urlaubsort festgestellt werden muss, dass es im stillen Örtchen kein Toilettenpapier gibt? Die ersten bösen Kommentare in den sozialen Medien werden gepostet, mit Bild und genauer Ortsbeschreibung. Die Telefone zur Rezeption und der Beschwerdestelle der Reisbüroveranstalter laufen heiß. Empörte und wütende Urlauber aus deutschen Landen mit langen Gesichtern schlendern in neuen, billigen, weißen Tennissocken, Sandalen und quer gestreiften T-Shirts durch die Gassen und über die Strände. Nach endlosen Diskussionen mit den verantwortlichen einheimischen Touristikmanagern wird unseren Landsleuten schonend erläutert, dass es in arabischen Ländern und im Nahen Osten normalerweise kein Toilettenpapier gibt. Tja, was tun? Anstatt des Toilettenpapiers gibt es einen Wasserschlauch, mit dem man sich säubern kann! Die Hygienevorschriften, den Qadaa al-Haajah in weiten Teilen der muslimischen Welt, schreiben dies vor. Achtung, vor der Reise sollte man sich Informationen über die Sitten und Gebräuche des Urlaubslandes einholen. Dummheit wird in diesen höflichen Ländern immer diskret mit einem Lächeln erwidert. Wer damit nicht zurechtkommt und auf das heiß geliebte Toilettenpapier nicht verzichten kann, muss in ein anderes Land reisen. Viele Länder stellen sich auf die zahlungskräftigen Touristen aus Deutschland ein. Nun importieren die Länder auch noch UNSER Toilettenpapier … in der Corona-Zeit, was für eine Frechheit! Jetzt verstehe ich auch, warum die Toilettenpapier-Hamster in Deutschland diese Unmengen an Klopapier kaufen und bunkern. Nur als Anmerkung: In Singapur gelten ebenfalls sehr strenge Vorschriften. Jemand, der nach der Benutzung einer öffentlichen Toilette „vergisst" zu spülen, wird mit einer Geldstrafe von bis zu 150 Dollar bestraft. Wer hat dies nicht schon auf öffentlichen Örtchen erleben müssen? Polizisten kontrollieren dort stichprobenartig. Im wahrsten Sinne des Wortes ist das ein Sch…Job.

2. Seltsames Einkaufsverhalten in Deutschland – Oniomanie

Kaufen, kaufen, kaufen. Die Sucht und der neue Volkssport. Auch wenn man etwas nicht braucht, wird es trotzdem gekauft. Egal, was. Unmengen an Schuhen, obwohl man nur zwei Beine hat. Die vielen Wechselpaare, die im Schrank stehen, völlig egal. Mit den Tretern aber ist es nicht getan. Jeder hat inzwischen ein Smartphone, einen Computer und eine Konsole mit mindestens fünf Videoballerspielen. Schon lange, viel zu lange hängt der Flatscreen-TV an der Wand. Also muss ein neuer her. Natürlich wesentlich größer und mit der neuesten Technik ausgestattet. Das Fernsehprogramm wird aber dadurch auch nicht besser. Jetzt ist die Zeit für Pay-TV gekommen. Also wird im neuen Computer oder dem Highspeed-Laptop nach dem Anbieter mit den meisten Programmen gesucht. Die Angebote sind zahlreich und verlockend. Günstige Werbeangebote versprechen noch einen Bonus mit weiteren Dingen oder Bargeld. Also wird ein Vertrag abgeschlossen. In Coronazeiten hat sich die Kauflust noch gesteigert. Ist es die Langeweile der Verbraucher, die die Kauflust und das Stöbern in den Läden oder in den Onlineshops ansteigen lässt? Schwer zu sagen. Alles muss bezahlt werden! Die Kreditangebote der zahlreichen Banken, sogar mit Niedrig- und Minuszinsen, heizen die Kauflust der Bürger an. Ein paar Euro hier, ein paar Euro dort, für die schönen Dinge des Lebens, die eigentlich kein Mensch mehr braucht, was soll's. Es ist schon sehr interessant, das Einkaufsverhalten der Menschen zu beobachten. Einmal von der Toilettenpapierhysterie abgesehen, der Run auf Nudeln, Mehl und andere Teigwaren ist beängstigend. Wie im Krieg wird gerafft, gebunkert und auch teilweise gepöbelt, geschubst und gedrängt, um an diese begehrten Waren zu kommen. Voller Stolz, mit einem befriedigtem, blöden Grinsen im Gesicht, marschieren diese Typen zur Kasse. Spätesten dort werden sie feststellen müssen, alles war umsonst! Die böse, aber freundliche Dame an der Kasse, wird dem Kunden mit dem überladenen Einkaufswagen darauf aufmerksam machen müssen, dass die Waren nur in haushaltsüblichen Mengen abgegeben werden dürfen und können. Spätestens jetzt steigt der Puls und Blutdruck der Konsumenten! War der ganze Kampf an den Regalen umsonst? Die blauen Flecken, die Kratzspuren und die teilweise ausgerissenen Haare … alles umsonst? Nun haben sich die Verbraucher schon sehr früh am Morgen an der Eingangstür versammelt, an der Tür gerüttelt und wie räudige Köter an den Eingangstüren auf Einlass gebettelt, alles umsonst? Die böse

Dame an der Kasse weigert sich, alles abzukassieren, nein, schlimmer noch, die überzähligen Waren müssen im Laden bleiben! Erste Tränen der Verzweiflung und Schweißausbrüche machen die Runde. Nichts ist mit einer Vielzahl von Mehlsäcken, kiloweise Nudeln, Hektoliter Milch und Tonnen an Dosenfutter! Vom anvisierten Toilettenpapier ganz zu schweigen! Mancher Verbraucher wird sich nun fragen, kann ich noch nach Hause kommen oder soll ich gleich auswandern. Die enttäuschten Blicke der übrigen Familienmitglieder stechen jetzt schon ins Auge und Herz.

Nützt alles nichts. Was nun? Der schon etwas verwirrte Hamsterkäufer überlegt, wie er die Ware wieder zurück in die Regale bringen kann, unauffällig, dass sich kein anderer Spinner die Ware schnappt. Hämisches Grinsen der nachfolgenden Kunden bringt den „Täter" an den Rand der Ohnmacht! Schnell in einen der unzähligen Gänge des Supermarktes verschwinden, um in einem unbeobachteten Moment die überschüssigen und nicht, den haushaltsüblichen Mengen entsprechenden Dinge loszuwerden. Der Obst und Salatstand ist groß und bunt, sodass alles Überschüssige abgeladen werden kann. Soll doch das Ladenpersonal alles wieder ordnungsgemäß und richtig einräumen, denn wer hat die Blockade an der Kasse veranlasst? Windeln, Taschentücher oder Seife und

Duschgel bereichern das Sortiment im Obst- und Gemüsestand. Die vorbildlichen Konsumenten müssen sich durch die Unmengen der nicht dazugehörigen Waren wühlen. Ein Komposthaufen ist aufgeräumter! Das Einkaufsverhalten in den Supermärkten ist in der Pandemie äußerst interessant zu beobachten. Mittlerweile ist der tägliche Einkauf einer James-Bond-Mission oder der Mission Impossible gleichzusetzen.

Ich schleiche mich zuerst durch die Gänge und mustere die Angebote und Waren, aber ich lasse mir nicht anmerken, worauf ich mein Augenmerk gelenkt habe. Ich mustere meine potenziellen Gegner, um mich dann, in einem plötzlichen und unverhofften Augenblick, auf meine dringend benötigte Ware zu stürzen! Geschafft! Die Geier, die mich argwöhnisch umkreisen, kann ich nicht ganz abwimmeln, denn ich trage eine Brille und durch meine hohe Atemfrequenz beschlagen die Gläser! Der Puls rast und der Nebel wird stärker. Ich versuche, den Einkaufszettel zu lesen, und schon werde ich ertappt! Die Geier sind wieder ganz nah! Abstand halten! Jetzt muss ich auch noch meinen minimal befüllten Einkaufswagen beschützen, denn ich habe die letzte Packung an Toilettenpapier ergattert! Das Gute an der Maske ist, dass die anderen Kunden nicht sehen können, wie ich die Zunge rausstrecke, wenn diese neidisch und gierig auf meine 12er-Packung Toilettenpapier starren. Ich meine erkennen zu können, dass aus ihren Mundwinkeln der Sabber tropft, denn die Maske ist feucht. In der Vergangenheit, ohne Corona habe ich den Einkaufswagen beim Einkaufsvergnügen in einer Seitengasse stehen lassen, um kurz einmal die anderen Dinge zu holen. Nun aber bewache ich den Einkaufswagen mit allen Utensilien wie ein Schießhund und notfalls mit Leib und Leben. Ich hatte schon daran gedacht, einen Sicherheitsdienst mitzunehmen, das wurde mir aber von der Marktleitung verwehrt.

Glücklich kann sich derjenige schätzen, der einen gesicherten und gut bezahlten Job hat. Aber was ist, wenn die Krise noch länger andauert? Kurzarbeit oder Schließungen wie im Gaststätten- und Hotelgewerbe können von heute auf morgen jederzeit aufkommen. Und was dann? Ich glaube nicht, dass sich die Bevölkerung darüber ernsthafte Gedanken macht. Die Jahre des Konjunkturaufschwungs sind vielen in guter Erinnerung. Die Angst vor Arbeitsplatzverlust hatte keiner. Also wurde das Geld mit vollen Händen ausgegeben. Aber die Zeiten haben sich schlagartig verändert! Die Konjunktur muss am Laufen bleiben, der Einzelhandel muss überleben und das geht nur, wenn die Kaufkraft in der Bevölkerung vorhanden ist.

Ich frage mich nur, warum die großen Elektromärkte stets voller Kunden sind, die teure Großfernseher, HIFI-Soundanlagen und anderes Equipment anhängerweise nach Hause schleppen. Mir ist bekannt, dass im engsten Bekanntenkreis in jedem Raum, sogar in der Küche, ein Flachbildfernseher hängt oder steht. Fehlt nur einer in der Toilette! Aber dort ist ja das Toilettenpapier gebunkert! Mit dem Vorrat an Duschgel in den einzelnen Haushalten könnte ein kleines Land wie Liechtenstein versorgt werden. Auch das Desinfektionsmittel schlummert hektoliterweise vor sich hin und wartet geduldig auf den Einsatz zur Bekämpfung der Keime. Nun gibt es bereits die Vorrichtung, um sein Smartphone gegen Keime desinfizieren zu lassen. Die Industrie ist schnell mit solch unnötigen Gegenständen. Aber wenn es gekauft wird, dann wird es auch angeboten. Der Herdentrieb macht es möglich. Einer hat ein solches Gerät, präsentiert es stolz im Freundeskreis und, schwupps, rennen alle los und kaufen auch so ein Teil! Natürlich muss ein neues, das neueste, Smartphone auch dazu erworben werden. Sonst zählt alles nicht, denn die bewundernden Blicke der Freunde und Bekannten stärken das Ego. Eine endlose Spirale ist losgetreten! Es soll Verbraucher geben, die mittlerweile drei oder vier Handyverträge besitzen, nur um das neueste und vermeintlich günstige Smartphone in den Händen halten zu können. Diese Verträge sind nur am Anfang sehr preisgünstig, aber nach Ablauf einer bestimmten Zeitspanne, in der Regel eines Jahres, steigen die Tarife um das Doppelte oder Dreifache an! Dann werden die Smartphones sehr teuer und sind, wie bei elektronischen Geräten üblich, schon veraltet! Hauptsache die Kreditkarte glüht, bis auch dieser Stern verglüht ist und gesperrt wird!

Es ist leichter, einer Begierde ganz zu entsagen, als in ihr maßzuhalten.

Friedrich Nietzsche

3. Coronabedingte Insolvenzen

Ein schwieriges und unangenehmes Thema, die Insolvenz. Privatinsolvenzen oder Insolvenzen von Firmen werden in der Coronakrise rapide ansteigen. Es gibt zahlreiche Gründe. Nicht alle sind begründet durch die Coronakrise. Kurzarbeit und der damit verbundene Lohnausfall, auch wenn es nur ein paar Euronen sind, stürzen die Bürger in finanzielle Notlagen. Da in guten und beschäftigungsreichen Zeiten das Auskommen geregelt war und auch gut kalkuliert worden ist, kann bei Verlust eines Teils des Einkommens dieses Problem aufkommen. Natürlich nicht in kürzester Zeit, aber auf die Dauer. Wer weiß schon, wie lange die Krise mit den möglichen Einschränkungen noch anhalten wird. Das Wort „Kurzarbeit“ macht in vielen Firmen die Runde. Sobald die Kurzarbeit angesetzt wird, ist mit der Kürzung des Einkommens zu rechnen, und das nicht wenig! Die Mieten oder die Hypothek(en) für das Eigenheim, vielleicht die Leasingrate bzw. die Kredite für Auto und andere Anschaffungen, die Handyverträge, Strom, Wasser und all die anderen Verbindlichkeiten, müssen bezahlt werden. Dann wird die Kohle längerfristig und an jedem Ende des Monats sehr knapp werden. Können diese Verbindlichkeiten nicht bedient werden, setzt sich eine Spirale in Gang, die nicht mehr aufzuhalten ist.

Denn nicht jeder gehört zu den wöchentlichen Glückspilzen, die in einer Lotterie gewinnen. Pech haben die zahlreichen Unternehmer, die in diese Situation durch die Pandemie und den Shutdown, bzw. Lockdown geraten sind. Sehr viele Kleinunternehmer und Selbstständige haben in den Jahren zuvor in die Firma investiert und plötzlich … aus! Der Laden ist dicht … keine Einnahmen mehr! Das kann kein Unternehmen auf die Dauer aushalten. Selbst wenn noch Ersparnisse vorhanden sind, sind diese sehr schnell aufgebraucht! Der Staat versucht zu helfen, mit günstigen Krediten und Corona-Hilfen. Auch diese Hilfe muss irgendwann zurückbezahlt werden. Nun gibt es aber die Aasgeier, die diese Hilfen unrechtmäßig beantragen und erhalten. Erstmal! Nach genauerer Überprüfung aber kommen die Behörden diesen Schmarotzern auf die Schliche. Die Mühlen der Behörden mahlen langsam, aber stetig und genau! Saftige Strafen bis hin zum Knast ziehen einen solchen Subventionsbetrug nach sich. Der Schaden für die Volkswirtschaft ist groß und die Belastungen des Staatshaushaltes sind enorm. Es gibt eine Gerechtigkeit! Für unsere Gastronomen mit ihrer guten deutschen und internationalen Küche ist es besonders hart, wenn der Lockdown oder Shutdown angeordnet werden muss! Diese Unternehmen reißen sich sprichwörtlich den Ar… auf, um alle Abstands- und Verhaltensregeln strikt einzuhalten. Bringt aber alles nichts. Für diesen Wirtschaftszweig muss sich die Politik dringend etwas einfallen lassen! Nicht alle über einen Kamm scheren, sondern nüchtern und differenziert die Lage beobachten und dann handeln. Nicht auszudenken, wenn die guten Hotels, die guten internationalen Gaststätten und die großen Feste mit ihren Fahrgeschäften in die Insolvenz rutschen. Es würde Jahre dauern, bis diese deutsche Kulturlandschaft wieder aufgebaut ist.

Also, ihr Corona-Spinner und Berufsdemonstranten in den Großstädten, bleibt zu Hause oder bleibt in euren Dieckslöchern, die ihr ein Heim nennt, dann bleibt der Rest der Republik wenigsten vor euch verschont. Und die Wirtschaft wird sich erholen können, aber nur wenn alle daran arbeiten.

Ein Wort noch zu den Fußballprofis. Die Klubs jammern darüber, dass die Einnahmen wegbrechen und die Stadien leer sind … nicht nur die Stadien, sondern auch langsam die Kassen! Na, dann bezahlt diesen „Stars“ nicht so horrende Gehälter und sorgt für schlechte Zeiten vor! Die machen doch nichts anderes, als hinter einer Lederkugel hinterher zu rennen. Es sind keine Hirnchirurgen oder Herzspezialisten, die der Menschheit helfen. Nun fehlt noch, dass die Proficlubs den Staat nach Hilfen anbetteln!

4. Die Abstandsregelung und Maskenpflicht

Die Maskenpflicht. Das scheint für sehr viele Mitbürger nicht verständlich zu sein. Maske beim Betreten auf in Einkaufsläden, auf Wochenmärkten, in Lokalen und allen anderen Räumen, wo sich Menschen aufhalten. Diese Mund und Nasenmaske soll zum Selbstschutz und den Schutz gegenüber anderen dienen! Sie nützt nichts, wenn sie lässig unter der dauernd tropfenden Nase oder dem Kinn, als Schutz des frischen Knutschflecks oder dem Verstecken des Doppelkinns hängt. Diese Menschen können doch die Maske gleich über ihre zugeschwollenen und rot unterlaufenen Augen ziehen. Dann haben sie eine Ausrede, wenn in einem Restaurant der Corona-Meldezettel ausgefüllt werden muss. Donald Duck, Mickey Maus oder Marylin Monroe … habe ich nicht gesehen, was ich geschrieben habe! Sorry. Nur auf dem Totenschein werden dann die richtigen Daten eingetragen, auch von Menschen, die sich durch Masken schützen. Aber das ist nicht das Problem dieser Spaßvögel und Deppen, wenn der Gastronom sein Unternehmen wiederholt schließen muss. Ich habe mich vollgefressen, denkt der Corona-Idiot. Und ein paar freie Tage werden dem Gastwirt auch gut tun, um sich zu erholen.

Eine ganz niederträchtige Spezies sind die Eltern, die ihre Kinder aufstacheln und nötigen, gegen die Maskenpflicht vor Gericht zu klagen. Mit sieben Jahren! Ja, geht's noch? Kinder in jungen Jahren auszunutzen, um die wirren Gedanken der Eltern zu verbreiten, ist wirklich das allerletzte!

Dann fahre ich doch lieber in den Urlaub, denkt der deutsche coronageplagte Vollpfosten. Dicht an dicht liegen diese fetten, vollgefressenen Ignoranten am Strand. Am Abend wird in einem Club wie bekloppt und ekstatisch herumgezappelt. Ihr ekelhafter Schweiß wird an die anderen Körpern gerieben und die Viren weiterverteilt. Grölend zieht dann der deutsche Urlauber durch die Gassen. Ach, der Urlaub ist und war wieder so schön! Unmittelbar nach der Ankunft in der Heimat geht's auf die Demo, um die Scheißhausparolen nachzubrüllen, die dem Pöbel ein zweitklassiger Politiker oder Verschwörungstheoretiker vorgrölt. Wie sagte doch schon unser Goethe? „Alles, was entsteht, ist es wert, dass es zugrunde geht." Feiern, grölen, demonstrieren und nach grenzenloser Freiheit schreien, solange, bis die Bombe fällt und platzt, nur dann will es keiner gewesen sein! Das hatten wir doch schon einmal!

Illustration Shutterstock by Kagan Kaya, Bild 2

Was ist denn so schwer daran, diese einfachen Regeln im Alltag zu befolgen?

Unsere Kinder und Jugendlichen halten sich meist konsequent an diese Vorgaben. Ausnahmen gibt es natürlich auch da, aber sollten die Regeln einmal vergessen werden, so genügt ein kurzer Hinweis und gut ist. Nur die unverbesserlichen Idioten, später im Buch beschrieben, halten sich prinzipiell an keine Regeln und kennen keine Gesetze. Das Wohl der Allgemeinheit ist diesen Deppen völlig egal. Sie beschmutzen auf perfide Weise den Freiheitsgedanken und das Grundgesetz Artikel 2, auf dieses Recht.

Jeder hat das Recht auf die freie Entfaltung seiner Persönlichkeit, soweit er nicht die Rechte anderer verletzt und nicht gegen die verfassungsmäßige Ordnung oder das Sittengesetz verstößt. Jeder hat das Recht auf Leben und körperliche Unversehrtheit. Die Freiheit der Person ist unverletzlich. In diese Rechte darf nur auf Grund eines Gesetzes eingegriffen werden.

Hier steht ganz klar: JEDER hat das RECHT AUF KÖRPERLICHE UNVERSEHRTHEIT!

Diese asozialen Penner, die sich nicht an dieses Grundgesetz halten wollen, genau diese Idioten demonstrieren für dieses Gesetz. Also Abstand halten und Maske auf, dort, wo es vorgeschrieben und nötig ist.

Außerdem leben wir im Zeitalter des Smartphones. Jeder ist im Besitz dieses Gerätes, der eine hat ein älteres Model und der Freak jede Woche das neueste Gerät. Da dürfte es nicht schwer sein, jederzeit in Kontakt zu bleiben? Sieht man sich einmal in Ruhe um, wird man feststellen, dass sich die Menschen selbst, wenn sie an einem Tisch sitzen, mit ihren Smartphones die Nachrichten zusenden. Nur das Teil nicht aus der Hand legen und sich unterhalten. Wo ist nur unsere Gesprächskultur abgeblieben? Auch auf den Gehwegen laufen die meist jungen Mädchen mit ihren billigen und ungepflegten aufgeklebten Krallen umher und schreiben, was das Zeug hält. Schlecht ist es nur, wenn ein Hindernis auftaucht! Auch die

Herren der Schöpfung schlurfen und schauen nur auf das Display!

Illustration Shutterstock by Andrew Rybalko, Bild 3

Welches Kind hätte nicht Grund, über seine Eltern zu weinen.

Friedrich Nietzsche

5. COVID – 19 Shutdown - Ein Land wird „abgeschaltet“

Der im Neudeutschen eingeführte Begriff „Shutdown“ ist nicht zu verwechseln mit dem Begriff des „Lockdown“. Der Shutdown ist die extreme Form des staatlichen Eingriffs in das Leben der Bürger. Ein Shutdown würde das völlige Herunterfahren des täglichen Lebens bedeuten. Sämtliche Freizeitaktivitäten werden unterbunden, und soziale Kontakte wären nicht mehr möglich. Das Durchzusetzen ist eigentlich unmöglich, egal wie hoch die Infektionszahlen auch sind. Der Bürger ist vom Geiste noch nicht so weit, diese Situation anzunehmen und zu befolgen. Das großartige Wort „Freiheit“ macht sofort die Runde und die Corona-Idioten sind dann wieder auf den Straßen, um zu randalieren. Sollen sie doch, und hoffentlich stecken diese Ignoranten und Quertreiber sich mit der gefährlichen Krankheit untereinander an. Spätestens dann werden diese unterbelichteten Idioten merken, dass die Sachlage sehr ernst ist. Leider muss die Gemeinschaft wieder einmal für die Spinner sorgen und aufkommen. Unsere Krankensysteme krauchen sowieso schon auf dem Zahnfleisch umher, nun müssen die fleißigen Helfer sich auch noch um diese hirnlosen Corona-Leugner, Idioten, Weltverschwörer und Freiheitsjunkies kümmern. Wieso eigentlich? Wer mit dem Feuer spielt, der läuft Gefahr, sich zu verbrennen oder kommt darin um! Pech gehabt. Diese Leute brauchen keine zivilisierte Gesellschaft.

Der Shutdown lässt aber einen Gang zur Arbeit und zum Einkaufen in begrenzten Maße zu. Ganz abgeschnitten ist der Bürger also nicht. Auch die Kitas und die Schulen sind unter Auflagen geöffnet. Das Leben und der Staat müssen weiter funktionieren, denn sonst dauert es nicht lange, bis das Land in die Pleite rutscht. Unsere Politiker wissen genau, was zu unternehmen ist, denn sie möchten keine Wähler verlieren. Obwohl so einige Aussagen und Handlungen schon etwas kopflos und konfus sind. Aber wenn man die durch unser föderalistisches System vorgegebenen Aktionen betrachtet, so kommen doch ernste Zweifel auf und verwundern den Bürger nicht. Wäre denn ein Shutdown wirklich so schlimm und unerträglich? Der Schutz und die Gesundheit ist doch viel wichtiger für die Zukunft unserer Kinder, dem ganzen Land, der Wirtschaft und dem sozialen Frieden nach der Coronakrise. Und es wird wieder ein normales Leben geben. Dann können wir alle voller Stolz sagen: Wir sind wirklich ein Staat, ein Volk und halten fest zusammen. Wir schaffen das … und dann, wenn alles vorbei ist, dann lautet die Devise: Wir haben das gemeinsam geschafft! Das aber dürfen und können die Corona-Leugner nicht behaupten, diese Spinner müssen aus der Gesellschaft ausgegrenzt werden. Sie haben mit den unverbesserlichen Touristen, die dieses Virus in die Republik tragen, zu der Ausbreitung und des möglichen Lockdown oder dem Shutdown beigetragen. Eine Schande für das deutsche Volk!

6. COVID-19-Lockdown – Alles halb so schlimm

Ein Lockdown in einem Staat oder in einer Region bedeutet nur das Inkrafttreten geeigneter Sicherheitsmaßnahmen. Diese Maßnahmen sind dafür geeignet, eine unkontrollierte Ausbreitung der Pandemie bestmöglich zu verhindern oder zu verlangsamen. Nochmal für die etwas Schwerfälligen:

Shutdown = Völlige Stilllegung des öffentlichen Lebens. Auf gut deutsch: Der ganze Laden und die Bude ist dicht.

Lockdown = Inkrafttreten bestimmter lokaler Sicherheitsmaßnahmen, wie die Einschränkung der Bewegungsfreiheit in bestimmten Gebieten, mit hohen Fallzahlen.

Der Unterschied zwischen beiden Begriffen sollte nun etwas klarer sein. Aber wie so oft, die Coron-Leugner können oder wollen das nicht verstehen. Wahrscheinlicher ist aber, sie können es mit ihrem sehr begrenzten Intellekt einfach nicht. Simpel ausgedrückt, sie sind einfach zu dämlich!

Selbst die Tiere halten sich bei drohender Gefahr zurück und achten darauf, sich in Sicherheit zu begeben. Sie bemerken, wenn das Futter, die Umwelt oder Krankheiten sie bedrohen. Das ist ein von der Natur gegebener Instinkt des Überlebens. Nur der Mensch mit seiner übermäßigen und eingebildeten Überlegenheit über alles Leben auf diesem Planeten, ist dazu nicht fähig. Das gilt nicht nur für das deutsche Volk, sondern, wie festzustellen ist, auch für die anderen Völker, weltweit. Unser Land nimmt eine besondere Stellung ein, wie so oft. Der Staat, die Gerichte und die Behörden sind zu schwach, um die Pandemie konsequent in den Griff zu bekommen. In Ländern, wo die Corona-Fallzahlen stark ansteigen, wird konsequenter gehandelt und ein Shutdown oder zumindest ein Lockdown angeordnet. Dies soll hauptsächlich zum Schutz der Bevölkerung dienen. Natürlich gibt es auch Staaten, wo der oberste Führer, der Präsident, ein verblendeter COVID-19–Leugner, an der Macht ist. In dem Land sterben tagtäglich tausende Menschen an der Krankheit. Ignoranz von oberster Stelle. Es ist auch nicht verwunderlich, denn dieses uns so bekannte freie Land mit unbegrenzten Möglichkeiten hat kein funktionierendes Gesundheitssystem. Aber eine große Klappe und nichts dahinter ... America first! In jeder Hinsicht! Da bin ich sehr froh und dankbar, dass wir in Deutschland und Europa ein wenig klarer in der Birne sind, um die Situation zu begreifen. Die Aufgabe und die Verpflichtung des Staates ist es, seine Bürger und das System zu schützen. Der Lockdown kann eine Maßnahme sein.

Die häufigsten Symptome des Corona-Virus sind Fieber über 38° C, Husten, Schnupfen, Kopf- und Gliederschmerzen, Abgeschlagenheit sowie Kratzen im Hals. Bei einigen Personen kommt es zu einem vorübergehenden Verlust des Geruchs- und Geschmackssinnes, dessen Ursache derzeit erforscht wird. Im fortgeschrittenen Stadium kann eine Lungenentzündung mit Kurzatmigkeit und Luftnot hinzukommen. Spätestens dann ist der Gang zum Hausarzt zwingend erforderlich. Wenn das Gefühl aufkommt, schwerer Luft zu bekommen als sonst, ist es schon kritisch. Die meisten COVID-19-Verläufe sind allerdings eher mild, viele davon verlaufen symptomlos. Dies hat zur Folge, dass Menschen, die sich gesund fühlen, andere Menschen infizieren können, ohne es zu wissen. Das sind die Superspreader. Diese Menschen stecken die anderen Menschen in ihrer unmittelbaren Umgebung an. Eine infizierte Person gibt das Virus an einhundert Mitmenschen weiter! So der Stand der Wissenschaft. Achten Sie daher stets auf die allgemein geltenden Maßnahmen, die in der **AHA**-Formel zusammengefasst sind: **Ab**stand halten (Mindestabstand 1,5 Meter), **H**ygieneregeln beachten (Husten und Niesen in die Armbeuge oder ein Papiertaschentuch, Händewaschen), **A**lltagsmaske tragen (wenn es eng wird oder in vollen, geschlossenen Räumen).

7. Das föderale System, ein Hemmnis?

Was ist Föderalismus? Der Begriff Föderalismus ist das Streben nach der Errichtung oder die Erhaltung eines Bundesstaates oder eines Bundeslandes, mit dem Ziel der Eigenständigkeit der jeweiligen Einzelstaaten. Klingt sehr kompliziert, ist aber ganz einfach. Beispiel: Eine typisch deutsche Familie, nennen wir diese einfach Familie XY und Z. Der Vater heißt X, die Mutter Y und das Kind Z. Jeder Mensch ist eine eigenständige Person und für sich selbst verantwortlich. Aber XYZ (die Einzelstaaten) zusammen sind eine ganze Familie (ein Bundesstaat oder wie bei uns, eine Bundesrepublik) und somit ein föderales System. Verstanden?

Schon seit der Antike gab es immer wieder Staatsgebilde, die durch den Zusammenschluss von mehreren Ländern und Kleinstaaten sowie Fürstentümern entstanden sind. Dieses Prinzip setzt sich bis heute fort. So ist unsere Bundesrepublik Deutschland auch aus verschiedenen Bundesländern, also föderal, aufgebaut. Doch was bedeutet föderal konkret? Das Wort Föderalismus kommt aus dem Lateinischen und bedeutet so viel wie Bund oder Vertrag. Es beschreibt ein bestimmtes politisches Prinzip, nach dem ein Staat organisiert ist. In einem föderalen System haben sich mehrere einzelne Glied- oder Bundesstaaten zu einem großen Staat oder einer Bundesrepublik zusammengeschlossen. Dieses Prinzip ist dann auch in der Verfassung des jeweiligen Staates entsprechend verankert. So bilden beispielsweise die 16 deutschen Bundesländer zusammen die Bundesrepublik Deutschland.

Die Aufgabenverteilung im System: Die größte Besonderheit beim Föderalismus besteht darin, dass die einzelnen Mitgliedstaaten nicht ihre gesamten Machtbefugnisse an den Bund abgeben, sondern immer noch wichtige Aufgabengebiete selbst verwalten. In Deutschland zum Beispiel bestimmt der Bundestag in Berlin über die Bereiche, die den gesamten Staat, also die Bundesrepublik Deutschland betreffen. Wie die Finanz- oder die Außenpolitik. Die einzelnen Bundesländer dagegen entscheiden immer noch über die Teile der Politik, die nur das eigene Land betreffen, also somit nicht einheitlich vom Bund geregelt werden. Dies geschieht vor allem bei der inneren Sicherheit des jeweiligen Bundeslandes, speziell die Polizei, und die Schul- und Bildungspolitik. Deshalb gibt es in diesen Bereichen zwischen den Bundesländern oft Unterschiede, wie zum Beispiel bei den Sommerferien. Während sie in Nordrhein-Westfalen und den nördlichen Bundesländern schon fast vorbei sind, haben die Ferien in den südlichen Bundesländern gerade erst angefangen. Diese Regelung entspannt und entzerrt die oft angespannte Verkehrslage. Der Herdentrieb wird von staatlicher Seite gemildert. Aber wie so oft, fühlen sich die Menschen immer benachteiligt! Jammerhaftes und schon lächerliches Klagen und die Sorge, immer benachteiligt und diskriminiert zu sein. Alle möchten in den Monaten Juli und August ihre Ferien verbringen, schimpfen dann aber über volle Straßen mit kilometerlangen Staus, ausgebuchten Unterkünften und die überfüllten Strände. Warum nur werden die Sommerferien in der Bundesrepublik so gesplittet? Genau aus diesem Grund! Ein weiterer Grund ist die ungehemmte Verbreitung des Coronavirus und die lasche, kopflose Gerichtsbarkeit und deren Urteile. Ein wenig klarer Menschenverstand wäre durchaus angebracht, wie so oft bei einigen Gerichtsurteilen, die im Namen des Volkes verkündet werden. Wenn die einzelnen Bundesländer, die Kreise und Bezirke in der Bundesrepublik, den Urlaubern aus den Corona-Hotspots untersagen, ihren Urlaub in ihren Ländern zu buchen, klagen diese uneinsichtigen „Ich-Menschen“ auf das Recht, dort Urlaub machen zu dürfen. Das Ego und die Gleichgültigkeit dieser Hohlbratzen wird dann von den weltfremden Gerichten unterstützt und die Beherbergungsverbote werden gekippt. Es lässt sich feststellen, dass dabei nicht der Schutz der Bevölkerung zählt, sondern nur noch der Kommerz! Eigentlich sind die Gerichte dazu da, das Volk und die Menschen dieser Republik zu schützen und bei Verstößen gegen das Recht dem Staat nicht in den Rücken zu fallen … im Interesse einzelner Unverbesserlichen! Haben unsere Gerichte nicht schon genug um die Ohren? Sollen sie sich zusätzlich noch um die Klagen der Ich-, Ich-, Ich-Menschen kümmern? Auch die Hetze einzelnen Mitglieder kleiner Parteien, die nun die Bevölkerung und die Unternehmer aufrufen, gegen die wichtigen Maßnahmen zu klagen. Hoffentlich verschwinden diese 5%-Wählerstimmensammler sehr bald aus unserem Land- und Bundestag! Schon das Wort „Liberale" in ihrem Parteinamen berechtigt diese Partei nicht, sich alles herauszunehmen. Stets gegen die Beschlüsse unserer Regierung schießen und unqualifizierte Aussagen treffen! Die Freiheit der Bürger und die persönliche Entfaltung, die Selbstbestimmung und Selbstverantwortung wird und kann diese Kleinpartei und deren Mitglieder nicht fördern! Das Gegenteil ist der Fall und spaltet unsere Gesellschaft noch mehr! Der Zusammenhalt hat nun oberste Priorität, nicht der Wählerstimmenfang und die Kriecherei vor den Chaoten!

8. Sinnlose Appelle der Politiker

Wer hat nicht schon die hilflosen wöchentlichen Appelle unserer Bundeskanzlerin gehört und verfolgt? Mit besorgter Miene, blass und mit trüben Augen versucht sie über die Medien, das deutsche Volk zur Einhaltung der von Regierung, dem Robert-Koch-Institut (RKI) und maßgebenden Virologen über die Gefahren der Corona Epidemie hinzuweisen. Auch die Bitte, zuhause zu bleiben und nur die nötigsten Reisen zu unternehmen, werden gebetsmühlenartig heruntergebetet. Das Volk interessiert es einen feuchten Sch...dreck! Das muss den Politikern doch zu denken geben? So lange es unter diesen Flaschen solche gewählten Vertreter gibt, die nur an den Kommerz in den Touristikhochburgen und die „zügellose Freiheit" denken, so lange wird das nichts mit dem Umdenken in der Gesellschaft! Freie Bahn für das Virus! Die Berlindemos, Demos in Hamburg, Randale und Zusammenrottung des Pöbels in Stuttgart, das sagt alles und verursacht nur noch Kopfschütteln bei der „normalen" Bevölkerung. Das ist eine typische Krankheit unserer Politik und der Gesellschaft. Reden, reden, reden und diskutieren. Endlos, zwecklos und ohne Ergebnis.

Auch die Länderfürsten sind zerstritten und uneins. Je nach Regierungskonstellation in den einzelnen Bundesländern und den Farben der Regierung haben wir für die ganze Bundesrepublik einen undurchsichtigen Flickenteppich, der Regeln und Bestimmungen. Wer blickt da noch durch? Selbst bei der Fahrt von einer Stadt zur anderen, einem Bezirks- und Kreiswechsel oder der Reise in ein anderes Bundesland gelten unzählige Verbote und Regeln. Maske auf, Maske ab, lokaler Lockdown, der kurzfristig angesetzt wird. Völliger Wahnsinn. **Wir sind doch ein Land! Die Bundesrepublik Deutschland … schon vergessen?** Was ist denn so schwer daran, wenn sich unsere Bundesregierung endlich einmal durchsetzt, auch gegen die selbstherrlichen und selbstverliebten Landesfürsten. Die Ministerpräsidenten! Aber genau diese Damen und Herren haben die Pandemie in ihren eigenen Bundesländern nicht im Griff, betteln dann um staatliche Hilfen beim Bund. Nun gibt es aber eine, oder mehrere kleine unscheinbare und unbedeutende Parteien, die im Bundestag ihre zum Teil fetten Ärsche platt sitzen. Diese Parteien, die immer an der nötigen und wichtigen 5%-Hürde kratzen reißen das Maul auf und empfehlen den Betroffenen, bei einem Lockdown die verfassungsrechtliche Überprüfung! Ja, geht's noch? Was für ein wählerstimmengeiles Verhalten! Glauben diese Politiker und deren Mitläufer allen Ernstes, dass die Verantwortlichen und hochkarätigen Staatslenker sich nicht im Vorfeld darüber informiert haben? Unsere Bundeskanzlerin und die Ministerpräsidenten der einzelnen Länder beschließen einen nötigen Lockdown, nicht aus Schikane oder Lust und Laune! Diese kleinen und hoffentlich sehr bald unbedeutenden Parteien der Querulanten werden bald aus den Landtagen und dem Bundestag verschwinden. Dann wäre endlich Ruhe. Eine Opposition ist wichtig in einer Demokratie, aber eine solche hilft niemandem, auch dem Staat nicht. Mangelnde konstruktive Vorschläge und gegen alles zu sein, ist armselig und kopflos.

Ein Politiker teilt die Menschheit in zwei Klassen ein; in Werkzeuge und Feinde.

Friedrich Nietzsche

9. Verhalten der Deutschen in der Pandemie

Auszug aus dem Buch „Unser Deutschland, Quo Vadis", erschienen im Rediroma-Verlag:

Am schlimmsten ist die menschliche Gruppendynamik. Sie laufen wie die Rinder immer dem größten Arsch, der vorangeht, hinterher oder springen wie die Lemminge von einer Klippe in ihr Unglück. Das normale und hart arbeitende Volk muss beim Einkauf und auf öffentlichen Plätzen die Maske tragen, aber sobald diese COVID-Deppen in Massen auftreten, ist der Staat machtlos und akzeptiert die Aufmärsche. Das wird unter den Deckmantel der Meinungsfreiheit und des Demonstrationsrechts gekehrt. Wer kann schon seinen Kindern plausibel erklären, dass sie in der Schule und in den Bussen verpflichtet sind, die Maske aufzusetzen. Wir haben renommierte Wissenschaftler, die Tag ein und Tag aus vor den Gefahren warnen. Diese Leute haben Ahnung und wissen, was zu tun ist. Nur unsere Politiker sind ab und zu sehr kopflos und rennen wie ein aufgescheuchter Hühnerhaufen umher. Konsequente Maßnahmen und Entscheidungen treffen, ist nicht einfach. Für diesen Job sind unsere führenden Staatslenker, besonders unsere Kanzlerin, nicht zu beneiden. Das Volk handelt, wie es möchte! Wie einige Wissenschaftler vermuten, kann das Coronavirus das Hirn angreifen und schädigen. Wenn man die Berichte und die Bilder in den Medien verfolgt, bestätigt sich diese Annahme leider immer öfter. Sehr viele Infizierte laufen herum ... ihr Verhalten zeigt das ganz deutlich! Nun zu einer andern Spezies von Idioten! Es sind eigentlich ganz normale Bürger, unscheinbar und spießig. Sie gehen brav zur Arbeit. Manche haben ein kleines Häuschen, welches unter der Last der Hypotheken zusammenbricht. Sie sind im örtlichen Sportverein und vegetieren in ihrem ruhigen und langweiligem Leben dahin. Wenn eine Reise geplant ist, schaltet das sonst so besonnene Hirn ab. Es wird auf das Recht geklagt, ein paar Tage Urlaub in anderen Gebieten und Unterkünften zu unternehmen. Obwohl die Corona-Fallzahlen ständig steigen. Die laschen und paragrafenhörigen Richter lassen alles zu und kippen sämtliche Verbote. Entgegen jedes menschlichen Verstandes. Natürlich müssen sich die Gerichte an die geltenden Gesetze halten, aber auch die sind nicht in Stein gemeißelt und erfordern ab und zu eine Reform. So eine Corona-Pandemie gab es in der Neuzeit noch nicht. Also ist die Politik wieder gefordert, um die Gesetze der Zeit anzupassen. Dies wird in unserem so trägen und schwerfälligem Staate niemals passieren. Zu viele Köche verderben den Brei. Und jeder kleine unbedeutende Politiker kommt dann aus seinem Loch gekrochen, um eine Reform mit seinen nutzlosen Parteigenossen zu verhindern. Die hirnlosen Wähler werden danken. Gibt es denn nichts anderes als Urlaub? Natürlich ist es für die hart arbeitende Bevölkerung sehr wichtig, ihren Urlaub zu verbringen. Aber muss es unbedingt in einem Corona-Hotspot-Gebiet sein? Ich lebe in Schleswig-Holstein, und wir sind über jeden anständigen und gesunden Urlauber sehr froh und dankbar. Die Urlauber, die aus den bekannten Corona-Gebieten ungetestet anreisen, die brauchen wir in unserem schönen Bundesland nicht! Diese Gestalten gefährden unsere Sicherheit und die der Kinder, nur um ein paar Tage am Meer zu verbringen. Sie schleppen die Seuche ein, und wir sitzen dann da! Blöd grinsend fahren die Touris wieder heim! Kann man es nicht akzeptieren, wenn die Landesregierung oder einige Kreise ein Beherbergungsverbot für Touristen aus den bekannten Risikogebieten aussprechen? Ich möchte gern sehen, wenn in ihrem Landkreis durch solche Ignoranten, das Virus eingeschleppt wird und der Lockdown droht. Warum nur sind wir in Schleswig-Holstein, noch relativ glimpflich davongekommen? Nur durch die konsequenten Maßnahmen der Landesregierung, der Einhaltung der Regeln und dem Verständnis der Bevölkerung! Nun aber kommen die Idioten aus den Corona-Hochburgen, klagen auf Aufnahme und Einreise. Zum Kotzen! Natürlich brauchen unsere Ferienwohnungsvermieter, die Gaststätten, Hotels und all die anderen vom Tourismus lebenden Unternehmen die Touristik. Aber nur wenn die Besucher coronafrei sind und nicht aus den Risikogebieten kommen, Quarantäne ist das Schlagwort, Auch wir im Norden und in all den anderen Touristikhochburgen, haben eine Familie und Kinder. Das Experiment des lockeren Umgangs mit der Pandemie ist gescheitert. Das Volk ist zu dumm, das alles zu verstehen. Jedes Problem und die daraus hervorgerufenen Konsequenzen sind demnach hausgemacht! Wir haben in Deutschland sehr schöne und interessante Gegenden, so wie jedes Bundesland mit seinen besonderen Reizen. Nun stellt sich die Frage, warum die deutschen Touristen ausgerechnet in den Coronarisikogebieten ihren Urlaub verbringen müssen? In Spanien, Italien und Bulgarien an dem Goldstrand zum Saufen? Können diese Hirnis nicht ihren letzten Verstand zuhause versaufen? Diese Leute schleppen die Seuche in diese Länder und beschweren sich dann, wenn durch die enorme Ausbreitung und das Ansteigen der Fallzahlen ein Lockdown angeordnet werden muss! Dieser

dient nur zum Schutz der gesamten Bevölkerung, nicht den feierwütigen und uneinsichtigen Urlaubern!
Impfen? Diese Entscheidung wird jedem Bürger selbst überlassen. Und das ist auch gut so, denn eine staatlich verordnete Impflicht wird noch viel mehr Unruhe ins Volk bringen und die Chaoten werden sich neu formieren. Die Leugner und Querdenkerbratzen laufen sich so langsam müde beim Verbreiten ihrer perfiden Ideen. Ein neues Verschwörungsthema darf diesen Idioten keinesfalls gegeben werden. Also, liebe Leute, informiert euch ausreichend über diese Impfung und dann muss die Entscheidung fallen!

Wenn du lange in einen Abgrund blickst, blickt der Abgrund auch in dich hinein.

Friedrich Nietzsche

10. Corona-Soforthilfe und die Abzocker

Wie heißt es doch so schön? Wer hat noch nicht und wer will noch mal? Wieder ist es Berlin, unsere Bundeshauptstadt, die negativ in den Medien auffällt. Nicht allein durch Corona-Deppen die randalierend durch die Straßen ziehen, nein, auch die Coronahilfen-Schmarotzer liefern immer neue negative Schlagzeilen. Der Berliner Senat, der nichts im Griff hat, verschwendet fahrlässig rund 1.8 Milliarden Euro an Soforthilfen an über 216.000 Antragsteller und zahlt diese Summe kopflos aus. Eine Überprüfung auf Rechtmäßigkeit wird nur am Rande und sehr oberflächlich durchgeführt. Auf Anweisung des Senats! Wen wundert das bei dieser Landesregierung? Die Betrüger, die diese „Coronahilfen" beantragt haben, sind schnell bei der Sache und haben die Not in dieser Zeit ausgenutzt. Wie aus den verschiedenen Medien zu entnehmen war, haben einige dieser Verbrecher sich teure Luxussportwagen gekauft, um damit zu protzen. Wie in dieser Szene so üblich, nix in der Hose und im Kopf. Alles sitzt in den aufgeblasenen Muskelpaketen und dem niederen IQ. Arme Menschen, die sonst nichts erreicht haben, denn sie müssen die Konsequenzen tragen. Daran haben sie nicht gedacht, wie denn auch, wenn man einen sehr begrenzten Horizont hat und einfältig ist? Der Bund der Steuerzahler, der seinen jährlichen Schwarzbuchreport herausgibt, hat dieses Verhalten angemahnt. Es fällt auf, dass besonders in der Islamistenszene und einigen ausländischen Unternehmen dieser Betrug sehr stark vertreten ist. Noch Fragen? Bestimmt kommen jetzt wieder die „guten Menschen“ aus ihren Löchern gekrochen und schreien: „Diskriminierung!“ Ja, auch Deutsche waren und sind unter den schwarzen Schafen! Also immer schön das Maul halten!

Nicht jede Steuerverschwendung hat mit Coronahilfen zu tun. Ist aber erwähnenswert. Eine Parkbank im hessischen Hanau ist mit dem hübschen Namen „Hafenblick“ auf den Main für sage und schreibe 80.650 Euro errichtet worden! Dieses Sitzobjekt ist nicht besonders groß, nur 4,80 mal 5,50 m. Keine Überdachung, keine Polsterung und auch kein Toilettenpapier!

So verballert der Bund jährlich zig Millionen von unseren Steuergeldern, denn es ist ja nicht mein Geld, lautet die Devise der verantwortlichen Beamten! Von einer Summe von etwa 25 Millionen Euro pro Jahr veranschlagt der Bund der Steuerzahler diese Verschwendung. Wie vielen kleinen Betrieben könnte damit geholfen werden? Bei einem Schuldenberg von 2,2 Billionen Euro unseres Landes muss die Politik endlich aufwachen und die entscheidenden Behörden und deren Beamte persönlich zur Rechenschaft ziehen. Notfalls in Haftung nehmen. Grobe Fahrlässigkeit, kleinkariertes Denken, der regionale Egoismus und die schon beschriebene Es-ist-ja-nicht-mein-eigenes-Geld-Mentalität, führen zu dieser erheblichen Steuerverschwendung. Nun kommen auch noch die Coronahilfen-Abzocker hinzu! Ein Vorschlag und Forderung des Bundes der Steuerzahler ist: Steuergeldverschwendung muss künftig genauso hart bestraft werden wie die Steuerhinterziehung! Aber bei unserer laschen und trägen Justiz wird das leider niemals umgesetzt. Der kleine Bürger würde sofort hart bestraft werden, aber eine Krähe hackt der anderen kein Auge aus. Verstanden? Genauer erklärt: Es sind doch alles Staatsbedienstete! Aber aufpassen, denn es sind wieder andere Corona-Betrüger unterwegs. Besonders die ältere Generation ist davon betroffen. Diese Gestalten machen sich die Angst und die Unsicherheit unter der Bevölkerung zu Nutze, um an das Geld und die Wertsachen zu kommen. Also immer vorsichtig sein und wenn etwas seltsam zu sein scheint, dann den Telefonhörer auflegen, oder gleich an die Polizei wenden! Diesem Pack muss das Handwerk gelegt werden. Angst muss man vor diesen Ratten nicht haben, selbst wenn sie drohen. Diese Typen sind feige und arbeiten im Untergrund, wie die Kanalratten.

11. COVID-19- Deppen in unserer Gesellschaft

Seht mal her! Das kann das COVID-19-Virus mit euch anstellen! Diese niedlichen Tierchen werden sich in eurem Körper festsetzen und vermehren. Nicht nur in den Atemwegen, nein, auch in der Birne! Aber auch dieses Virus hat seinen Stolz und springt nicht auf jeden Idioten sofort an … aber macht euch keine Hoffnung, irgendwann ist es diesem Virus egal und es befällt auch den größten Deppen!

Die Wissenschaft hat in verschiedenen Studien nachgewiesen, dass sich das Corona-Virus auch im Hirn festsetzt und langfristige Schäden verursachen kann. Dies zeigt sich vermehrt bei den Feierwütigen, den Corona-Leugnern, den Verschwörungstheoretikern und all den anderen Spinnern in dieser Zeit. Ich weiß nun, warum die Toilettenpapierhamster diese Unmengen an Klopapier kaufen. Die Abbildung zeigt es deutlich!

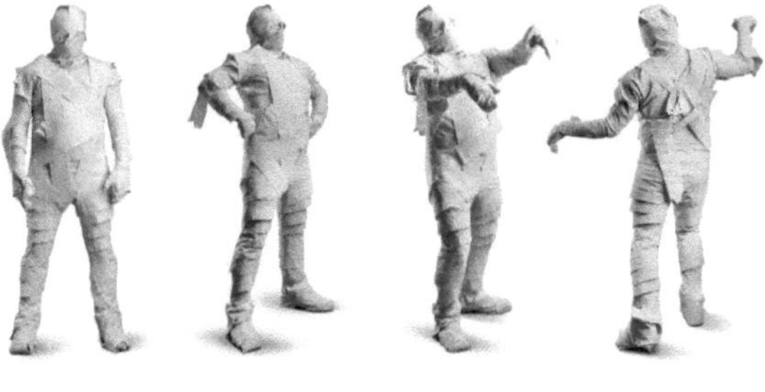

Illustration Shutterstock by Nomad_Soul, Bild 4

Habe ich Corona? Oder nur eine Grippe? Diese Frage kann nur durch einen eindeutigen Test zuverlässig beantwortet werden. Dieser Test ist nicht billig und wird von den Krankenkassen bezahlt. Alle, die wissentlich in ein Hochrisikogebiet reisen und ihren Urlaub verbringen, genau diese Spezies müssen ihre Kosten selbst tragen! Wieso zu Lasten der Krankenkasse und somit die Lasten auf die Schultern der Allgemeinheit laden? Auch diese Bürger schmarotzen sich durch die Gesellschaft.

Hatte ich oder habe ich dieses Virus schon, ohne es zu bemerken? Viele Infizierte, und auch diese „Superspreader“, können unter uns sein. Nur durch einen Antikörpertest kann dies eindeutig beantwortet werden. Typische Corona Symptome ähneln sehr einer starken Grippe oder einer Erkältung. Eine Studie besagt, dass 80 Prozent aller Patienten, die sich mit Corona, also mit dem COVID-19-Virus infiziert haben, diese bestimmten Symptome aufweisen.

Die Unterschiede zur starken Grippe, gemessen bei COVID-19 Patienten:

- 87 % mit starken Brustschmerzen
- 85 % mit Atembeschwerden
- 84 % mit Kopfschmerzen

- 83 % mit Muskel und Gliederschmerzen
- 76 % unverhältnismäßiger Schweißausbruch
- 74 % starke Bauchschmerzen
- 70 % mit Husten, Fieber, Halsschmerzen

Gegenüber einer Grippe ist anzumerken, dass je mehr diese Symptome auftreten, umso wahrscheinlicher ist es, eine Corona-Infektion zu haben. Also ab zum Test!

Ein fast sicheres COVID-19-Anzeichen ist, und dies besagt eine weitere Studie, zusammen mit den oben genannten Symptomen, der Verlust des Geruchs- und Geschmackssinns. Nun ist es aber nicht so, dass alle, die diesen Verlust haben, gleich in Quarantäne müssen, weil sie vielleicht Corona haben könnten. Es gibt sehr viele Menschen, die noch nie einen richtigen Geschmacks- und Geruchssinn hatten! Man bedenke nur, wie viele Mitbürger sich parfümieren, sodass es allen in der Nähe befindlichen Personen die Tränen in die Augen treibt. Oder die Esskultur! Da wird alles zusammengematscht, was die Küche hergibt. Seit der Coronakrise versuchen sich viel mehr an der Kochkunst! Aber es gibt doch Fertigdosenfutter und die Lieferdienste während der Lockdown-Phase. Also unterstützt die Wirtschaft und wer nicht kochen kann und es in der Vergangenheit nicht versucht hat, probieren geht über studieren.

Notfalls hilft nur noch der Lieferdienst. Die nun jammernde und klagende Gastronomie hat den Lockdown selbst mit zu verantworten. Die überwiegende Zahl hat wirklich alles getan, um die Regeln einzuhalten. Aber wie so oft, haben die schwarzen Schafe dieser Branche alles wieder zerstört. Dort können sich die Gastronomen bedanken, nicht bei der Regierung. Wenn sich alle daran gehalten hätten und keine Feiern möglich gewesen wären, könnten sie ihre Geschäfte weiter betreiben. Aber diese gierigen Nestbeschmutzer konnten den Hals nicht vollbekommen und haben ihre Lokalität an Familienfeierlichkeiten mit unverhältnismäßig vielen Feierdeppen vermietet. Wer dabei ertappt worden ist, der sollte die ganzen Einnahmen verlieren und noch eine richtige Strafe im sechsstelligen Bereich bekommen. Aber dazu sind unsere Gerichtsbarkeit und der Staat nicht in der Lage.

Es ist noch nicht ganz klar, woher dieses Virus und die dadurch entstandene Pandemie kommt. Natürlich wird behauptet, dass es absichtlich aus irgendeinem Labor freigesetzt worden ist! Warum? Nur um die Bevölkerung zu dezimieren oder zu verunsichern? Ganz extreme Corona-Verschwörer behaupten mit ihrer kranken Birne, dass ein Herr Bill Gates dieses Virus heraufbeschworen hat, um die Bevölkerung mit einem

Impfstoff zu versorgen und gleichzeitig einen Überwachungschip einzupflanzen! Wie krank muss man in der Birne sein, um auf solche absurden Ideen zu kommen? Wahrscheinlich ist, dass dieses Virus aus China kommt. Dort wird auf den Wildtiermärkten alles angeboten, was kreucht und fleucht. Fledermäuse könnten die Verursacher sein! Das wäre nicht so schlimm, wenn man diese niedlichen Tierchen in Ruhe lassen und nicht fressen würde! Nicht nur gute Autos, eine Vielzahl an Elektronik, die wir tagtäglich nutzen, all das hat uns dieses Volk und der ganzen Welt mit dieser Seuche „vererbt". Vielen Dank!

Nicht nur in Deutschland demonstrieren die Bürger gegen die Maßnahmen, zur Eindämmung der Pandemie ihrer Regierung. Idioten gibt es auch in Frankreich, Spanien, Italien und anderen Ländern. Wenn die Krankenhäuser wieder voll und überlastet sind, die Betten auf den Intensivstationen belegt, dann muss Deutschland wieder aushelfen. Wir helfen aber gerne, nur die Corona-Leugner und Regelbrecher aus diesen Ländern, die brauchen wir hier nicht!

Die Selbstgefälligkeit, die Ignoranz und Gleichgültigkeit der feierwütigen Gesellschaft ist wesentlich gefährlicher als das Virus! Gegen dieses COVID-19-Virus, wird es ein Gegenmittel und einen Impfstoff geben, gegen die Dummheit aber nicht! Wenn die drei Faktoren, Dummheit, Selbstgefälligkeit und Gleichgültigkeit zusammentreffen, dann wird es gefährlich! Ach, was sind wir nur für arme und geplagte deutsche Bürger, die von unserer Regierung so gepeinigt werden. Aber jammern, heulen und klagen, das können wir sehr gut. Die Pandemie ist ernst, und wer es bis jetzt nicht begriffen hat, dem ist nicht mehr zu helfen! Wir können uns glücklich schätzen, dass wir eine so besonnene Regierung und die verantwortlichen Ärzte haben, die alles versuchen, um das Dilemma in den Griff zu bekommen. Wollen wir wirklich so eine Führung wie in Brasilien oder in den USA haben? Fern jeder Realität. Es ist den „Oberen" völlig egal, was aus der Bevölkerung wird! Aber wir alle müssen unseren Teil beisteuern! Durch Partys und Demonstrationen ist der Pandemie nicht beizukommen! Wer hat nicht die schrecklichen Bilder in den Medien verfolgt, wo die Opfer der Pandemie auf den Straßen lagen und nicht zeitnah beerdigt werden konnten? Sind solche Bilder auch bei uns in Deutschland gewollt? Die Jammerei und die Vorwürfe wären sehr groß und schuld wäre natürlich die Politik. Aber Idioten gibt es überall. Die Demonstrationen in den anderen Ländern zeigen dies ganz deutlich. In diesen Ländern, auch in Deutschland, kann in weiten Teilen der Gesellschaft, mit der Freiheit nicht umgegangen werden, sorry! Hier als Abbild der deutsche „Michl“ und einer der Corona-Deppen, die immer noch das Virus und die Gefahr verleugnen!

Das nächste Bild zeigt nur ein kleines Beispiel eines typisch deutschen Corona-Leugners, eines Partylöwen und Volldeppen, der sich nicht an die Regeln und den Schutz halten will oder kann. Entweder ist vor lauter Feierei das bisschen Hirn schon versoffen worden, das Virus in die Birne eingedrungen, weil der Urlaub in den Hotspots verbracht wurde oder weil dieser Mensch von Geburt aus leicht unterbelichtet ist und den Ernst dieser Corona-Lage nicht schnallt! Für die ganze Partyszene, die exzessiv feiern muss, für die ist es besser, wenn sie eine Vollgesichtsmaske aufsetzen, damit wir ihre blöden Fratzen nicht sehen müssen. Denn es gibt schon genügend Elend auf dieser Welt. Auch die Demonstranten, die uns mit ihren Scheißdemos belästigen, die dürfen gerne ein Ganzkörperkondom von Kopf bis Fuß, wie oben auf dem Bild Nr.4, schon gezeigt, tragen. Dann hätte niemand etwas dagegen einzuwenden und es zeigt der Gesellschaft, dass sie doch lernwillig sind. Esst auch mehr Bananen, die sind sehr gesund und schmeißt die Schale nicht auf den Gehweg, denn sonst rutscht noch jemand aus. Unsere Krankenhäuser sind sowieso schon voll und das Personal überlastet. Die Vitamine der

Schale geben schöne Haare oder können als Einlage im Toilettenpapiereintopf verwendet werden. Und hört auf, dauernd in der Nase zu bohren, denn auch hier sind die Coronaviren. Diese wird doch beim Abstrich und Corona-Test gereinigt!

Eine besonders lästige Plage in der Corona-Zeit sind die Querdenker. Der eigentliche Begriff „Querdenker“ beschreibt einen Sonderling, der in seiner eigenen Welt lebt. Nicht sonderlich begabt und teamunfähig. Dies kann bei den Gestalten, die immer wieder auf den Straßen gegen die Regeln demonstrieren, festgestellt werden. Die Querdenker gab es aber schon immer und viele von ihnen zeichnet die Anwendung von Kreativitätstechniken aus. Sie trugen zur Lösung von Problemen und der Ideenfindung bei. Aber die heutigen Vollpfosten, die auf unseren Straßen rumrennen und gegen die Maßnahmen und Regeln demonstrieren, die kann man getrost in die Tonne treten. Der Begriff des Querdenkens ist ein Ausdruck des nichtlinearen Denkens mit Lösungsansätzen. Die Gesellschaft braucht zur Entwicklung ein gewisses Maß an diesen Querdenkern, zur weiteren Entwicklung. Große Persönlichkeiten in der Vergangenheit waren Querdenker. Aber dieser Mob, der sich auf unseren Straßen breitmacht, dieses Ungeziefer, wird auch bald wieder verschwinden und kein Hahn wird nach ihnen krähen.

Illustration Shutterstock by Refluo, Bild 5

Wie bereits in vielen Fällen diagnostiziert, kann sich dieses Virus auch im Hirn festsetzen. Aber wo nichts ist, wie bei den Corona-Leugnern und Maskenverweigerern, da läuft das Virus ins Leere.

Zuerst ein paar Worte und Sätze an und über die Ignoranten der Corona-Pandemie und die Gefahren der Verbreitung des Virus! Jeder und wirklich jeder, der sich weigert, die Regeln einzuhalten, die ausgegeben werden müssen, sei es aus Dummheit oder falsch verstandener Freiheitsliebe, macht sich an der gesamten Gesellschaft schuldig! Es sind nicht nur die Politiker, die das deutsche Volk fast gebetsmühlenartig auffordern, die Abstandsregeln einzuhalten, die Mund-Nasen-Schutzmaske aufzusetzen, größere Menschenansammlungen zu vermeiden und die Kontakte so weit als möglich einzuschränken. Auch unsere guten ausgebildeten Virologen bitten uns jeden Tag um Rücksichtnahme. Dieses Wort ist aber leider in unserer Gesellschaft unbekannt. Partys und Feierlichkeiten sind nicht zwingend lebensnotwendig. Das RKI bittet ebenfalls solche Veranstaltungen abzusagen. Dies muss auch den Großfamilien unserer Einwanderer und Emigranten deutlich klargemacht werden. Sie können doch in ihrem Heimatland die Feten feiern. Woraus sind denn die größten „Hotspots“ entstanden? Aus Hochzeiten, Corona-Partys und Familienfeiern. Kurz nach diesen Veranstaltungen stiegen die Fallzahlen stark an. Diese ignoranten Seuchenvögel haben das Virus weiterverbreitet … grob fahrlässig und mit Vorsatz! Da ist unser Staat und Rechtssystem zu schwach, um diese Straftaten rigoros und hart zu bestrafen. Privatleute, Firmen und Veranstalter können und dürfen auch solche Feieridioten selbst zur Rechenschaft ziehen und auf Schmerzensgeld, Verdienstausfall und Körperverletzung verklagen. Warum hat das noch niemand gemacht? Dann werden sich einige Hohlbratzen überlegen, ob eine Feier oder die Missachtung der Regeln solch eine Strafe wert ist. Besonders wenn es an den heiß geliebten Geldbeutel geht. Sobald einer dieser Hirnis sich mit dem Virus infiziert hat und ernsthaft erkrankt ist, dann winselt diese Person nach Hilfe und beansprucht ein Pflegebett in der Klinik. Die Betten sind rar und werden für die Risikopatienten benötigt. Nicht für die Corona-Leugner und die Feieridioten. Das Pflegepersonal ist schon seit Wochen an der Belastungsgrenze und muss dann auch noch entscheiden, wem sie helfen oder wem nicht. Ganz, wie es die Bettenkapazitäten und Zeit erlauben. Die Lösung kann nur sein: Lasst die COVID-19 Ignoranten und Leugner im Keller liegen, das Problem löst sich von ganz allein…irgendwann. Nur die Patienten die unverschuldet angesteckt worden sind, diesen Patienten muss die medizinische Hilfe und Versorgung gegeben werden, bis zur Genesung. Dann ist auch der mögliche Gewissenskonflikt der Pflegekräfte und der Ärzte gelöst, weil ihnen die Entscheidung abgenommen wird, wem kann ich helfen und wem nicht und an welchen Patienten gebe ich das Intensivbett mit dem Beatmungsapparat. Die COVID-19-Ignoranten, Verschwörungstheorieanhänger und alle anderen Deppen, die diese Pandemie nicht ernst nehmen, brauchen keine medizinische Hilfe. Wieso auch? Es gibt doch kein COVID-19. Oder gegen was und warum demonstrieren diese Vollpfosten? Die Wirtschaft leidet unter euch Idioten, denn ihr lebt doch von einer starken Wirtschaft und den zahlreichen Bürgern, die tagein und tagaus ihrer Arbeit nachgehen. Die bezahlen eure Hartz-4-Zuwendungen jeden Monat mit ihrer Arbeit. Ja, Arbeit, das ist ein Fremdwort für euch! Schmarotzer der Gesellschaft, wie die Maden im Speck, aber dann gegen Staat und Gesellschaft auf die Straße gehen, um eure weltfremden Theorien zu verbreiten! Ihr könnt froh und dankbar sein, dass die Gesellschaft euch noch duldet und der Staat euch durchfüttert, wie das Vieh im Stall. Den Mist müssen auch wir noch wegkehren! Leistet endlich einen positiven Beitrag in dieser Gesellschaft und unterstützt sie mit der angemessenen Verhaltensweise. Es gibt die sozialen Medien, dort kann jeder seine Meinung frei äußern! Und wenn ihr schon auf die Straße gehen müsst, um einmal auszulüften, dann empfehle ich täglich duschen, Maske auf, Abstand zu anderen Menschen halten und keine Sachbeschädigungen!

Hier nochmal der Auszug aus unserem Grundgesetz für die Idioten, die das in einem anderen Kapitel überlesen haben.

Jeder hat das Recht auf die freie Entfaltung seiner Persönlichkeit, soweit er nicht die Rechte anderer verletzt und nicht gegen die verfassungsmäßige Ordnung oder das Sittengesetz verstößt. Jeder hat das Recht auf Leben und körperliche Unversehrtheit. Die Freiheit der Person ist unverletzlich. In dieses Recht darf nur auf Grund eines Gesetzes eingegriffen werden. Dort steht aber nicht, dass das Eigentum und die Freiheit anderer Bürger zerstört oder beschädigt werden darf!

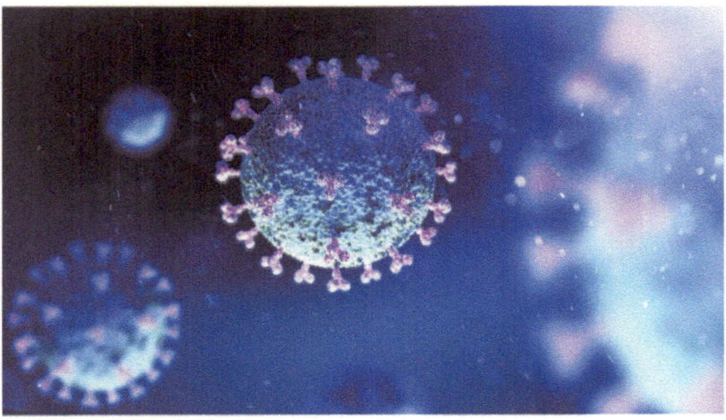

Illustration by Shutterstock, Bild 6

Dieses leckere Teilchen wird sich früher oder später in euerem Schrottplatz, den ihr Coronadeppen einen Körper und Hirn nennt, festsetzen! Es ist das Corona-Virus, mit sehr vielen Rezeptoren. Was diese Rezeptoren sind? Also hier die Erklärung für die Doofen, also Corona-Leugner und Verschwörungstheoretiker: Rezeptoren, hier als Y dargestellt, docken an eine Zelle an und senden Botenstoffe an diese Zelle. Sie dringen in die Zelle ein und machen den befallenen Menschen krank. Besonders die Lunge und die Bronchien sind sehr anfällig. Interessant ist aber nach dem aktuellen Stand der Forschung, dass mehr Männer mit dem Virus infiziert werden als Frauen. Zu einer weiteren Risikogruppe für COVID-19-Infektionen zählt, wie hinlänglich bekannt sein dürfte, die ältere Generation. Also hier gilt: Schützt unsere älteren Mitbürger und haltet euch an die Regeln, wenn es auch schwer fällt! Dieser Schutz ist so einfach, dass es auch der letzte und einfältigste Idiot bewerkstelligen kann.

Zusammenfassung für Lesefaule und Kleingeister

- Du nix brauchen Klopapier hamstern
- Du nix brauchen Hamstern … egal, was
- Es gibt ausreichend Lebensmittel und alles andere, keine Panikkäufe
- Du sollst nicht verkeimen deinen nächsten
- Du sollst dich an die einfachen Regeln halten
- Du sollst deinen Kindern und Mitmenschen ein Vorbild sein
- Du sollst den Corona-Leugnern aus dem Wege gehen
- Du sollst dich nicht den Arschl… anschließen und demonstrieren, die sowieso gegen alles sind
- Du sollst nicht auf die Corona-Spinner und Leugner hören, denn die sind schon krank!
- Du sollst der Politik und besonders unserer Regierung die Daumen drücken, dass sie immer einen kühlen Kopf in dieser Krise bewahren und die richtigen Entscheidungen treffen
- Du sollst nicht über unsere Regierung schimpfen, denn sie unternimmt alles Menschenmögliche, dass wir geschützt werden.
- Du sollst gesund bleiben, dass wir alle bald wieder zum normalen Leben zurückkehren können

- Auch du Volldepp sollst endlich kapieren, dass die Lage ernst ist. AHA-Regeln beachten (siehe Kapitel 6)
- Du sollst der Deutschen Fußballnationalmannschaft immer die Daumen drücken
- Du sollst dieses kleine Corona-Buch deinen Bekannten, Freunden und Verwandten empfehlen!
- DU und deine Familie sollt gesund bleiben, oder auch nicht, es liegt nur an DIR!
- Du darfst und, ja, du sollst Maskenverweigerer gaaaanz höflich auf die Maskenpflicht hinweisen, aber vorsichtig sein, es können auch aggressive Hohlbratzen darunter sein!

Ende im Gelände und bleibt gesund!